JN086874

Sin fronteras

Toshihiro Takagaki

Kahori Umezaki

Yuga Kuroda

Víctor Calderón de la Barca

Begoña González Afuera

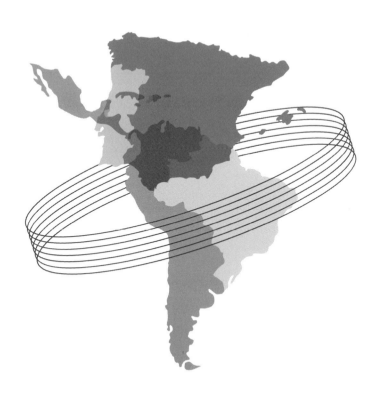

Editorial ASAHI

まえがき

　スペインとラテンアメリカの 20 をこえる国や地域からなる、広大なスペイン語圏は、スペイン語を共通の言葉としながらも、地域ごとに多様な社会や文化を育んできました。その一方で、グローバル化の波はスペイン語圏にも押しよせ、社会の様々な面に地域の境界を越えた (sin fronteras) 繋がりが見られるようにもなりました。

　《Sin fronteras─スペイン語圏はいま》の 15 章は、スペイン語圏の歴史や政治、社会生活、言語、食文化、芸能、スポーツなどのトピックについて、「現在」に焦点を当てて論じたものです。

　本書は、スペイン語の初級を終えた学習者が、スペイン語圏の社会・文化についての知識を得ながらスペイン語力を定着させることを意図して、専門の異なる著者が書きおろしたものです。

(1) 各課のはじめには、その課の内容に関する予備的な解説をしています。トピックへの導入としてあらかじめお読みください。

(2) 各課のタイトル、および、「もくじ」には、扱う地域がわかるように、イベリア半島とラテンアメリカの地図のロゴが示してあります。ただし、地図には、図案上、非スペイン語圏の国も含まれていることをお断りしておきます。

(3) スペイン語の本文には最小限の注を付けました。内容に関する基本的事項や文法的な説明を参考にしてください。

(4) 各課最終ページの Ejercicios には、本文の理解をチェックする問題や、テーマに関して学習者が自分で調べるような課題が含まれています。ぜひチャレンジして、理解を深めてください。

著者

も く じ

音声ダウンロード

 音声再生アプリ「リスニング・トレーナー」（無料）

朝日出版社開発のアプリ、「リスニング・トレーナー（リストレ）」を使えば、教科書の音声をスマホ、タブレットに簡単にダウンロードできます。どうぞご活用ください。

まずは「リストレ」アプリをダウンロード

» App Store はこちら   » Google Play はこちら

アプリ【リスニング・トレーナー】の使い方
① アプリを開き、「**コンテンツを追加**」をタップ
② QRコードをカメラで読み込む

③ QRコードが読み取れない場合は、画面上部に 55123 を入力し「Done」をタップします。

QRコードは（株）デンソーウェーブの登録商標です

「Web ストリーミング音声」

https://text.asahipress.com/free/spanish/sinfronteras/

1 歴史と文化のるつぼ
― セビーリャ

セビーリャの新旧を象徴する木造建築セタ (Seta)

　スペイン南部アンダルシア地方の州都セビーリャの人口は約70万人であり、首都で政治・行政の中心をなすマドリードや、経済の中心バルセロナと比べれば、コンパクトな街です。しかし都市セビーリャの歴史は、この二つの大都市とは比べ物にならないほど古く、また異種混淆<ruby>淆<rt>こんこう</rt></ruby>的な、いわばスペインらしいものといえます。

　古代の伝説的なタルテッソス文明やフェニキア・ギリシャ・ローマ文化の遺物を眺めながら悠久の時間の流れを感じ取り、中世イスラーム時代の洗練された建築を眺め、そして大航海時代の栄華に思いを馳せることができる街、これがセビーリャです。世界で初めての「ファストフード」を食べながら、アンダルシアが起源とされる、本物の闘牛やフラメンコを楽しむこともできます。

1 | Turismo en la auténtica Sevilla

Sevilla fue siempre un crisol de antiguas culturas (tartésica[1], fenicia, griega, cartaginesa[2] y romana). Si queréis conocer el esplendor de esta ciudad en aquella época, os recomendamos vivamente visitar el Museo Arqueológico, donde se pueden ver esculturas de mármol y objetos preciosos de la Antigüedad. Además, se conserva una reliquia de la época romana: los restos de un antiguo acueducto, más largo que el famoso de Segovia.

Por su altura y su decoración la Giralda sobresale en el casco antiguo de Sevilla. Esta torre fue construida en la época musulmana (almohade) de finales del siglo XII y era el alminar[3] de la antigua mezquita mayor desde el cual se convocaba a la oración[4] cinco veces al día.

Una vez conquistada Sevilla por los cristianos durante la Reconquista -denominación popular del largo período de guerras entre moros y cristianos-, la mezquita y la torre se convirtieron en la iglesia de Santa María.

La cultura cristiana y la islámica no fueron, sin embargo, siempre enemigas. Buena prueba de ello es el Real Alcázar construido por artesanos musulmanes por orden del rey cristiano de Castilla[5] Pedro I (reinado: 1350-1369).

---

1 tartésica　アンダルシア地方に存在した古代文明タルテッソスの
2 cartaginesa　現在のチュニジアに居を構えたカルタゴの
3 alminar　モスクの尖塔．ミナレットともいう
4 se convocaba a la oración　祈りを呼びかけていた
5 Castilla　カスティーリャ．現在のスペイン北部から南部に君臨した王国で，スペインの母体となった

No solo los musulmanes, también los judíos convivían con los cristianos dentro de la ciudad en aquella época. El barrio de Santa Cruz era entonces una próspera judería.

Tras la llegada de Colón a América en 1492, Sevilla se convirtió en uno de los centros económicos más importantes del mundo y experimentó un gran desarrollo y transformación. Testigo de esa época es la Catedral de Sevilla, construida entre los siglos XV y XVI, que es el templo gótico más grande del mundo. La tumba de Cristóbal Colón se encuentra allí desde 1899.

En Sevilla -¡cómo no!- también podemos disfrutar de manifestaciones culturales típicamente españolas. Podemos ver una corrida de toros en la Plaza de Toros de la Maestranza[6], que está justo en la ribera del río Guadalquivir, y pasando por el Puente de Triana podemos llegar al barrio de Triana y disfrutar una noche del arte flamenco, cuyos orígenes están, según se dice, en este mismo lugar.

Ya estamos cansados... Necesitamos reponernos... Los auténticos sevillanos comen diariamente pescaíto frito[7], una suerte de *fast food*. Unos lo toman sentados en una terraza al aire libre, otros lo llevan a casa o lo toman en un cucurucho de papel[8] dando un paseo. Los sevillanos dicen que ellos inventaron esta costumbre antes que McDonald's. ¡Bien podemos afirmar que el *pescaíto frito* es el *fast food* más antiguo del mundo!

◇◇◇◇◇◇◇◇◇◇◇◇◇◇◇◇◇◇◇◇◇◇◇◇◇

6 Plaza de Toros de la Maestranza　マエストランサ闘牛場
7 pescaíto frito　小魚のフライ
8 cucurucho　円錐形に巻いた紙容器

1 本文中に出てくる次の観光スポットに該当する写真をそれぞれ一つ選びなさい。

un antiguo acueducto

la Giralda

el Real Alcázar

la Puente de Triana

la Catedral

① ② ③

⑤

④

2 セビーリャ観光で、最も訪れてみたい名所はどこか。またそれはなぜか。

3 セビーリャには、多くの人々がやってきてその痕跡を残している。以下の人々が誰を指すのかを調べて、来訪した順に並べかえなさい。

① los musulmanes

② los fenicios

③ los castellanos

④ los visigodos

⑤ los romanos

_____⇒_____⇒_____⇒_____⇒_____

2 マラソン
── 世界を駆けるランナーたち

世界の都市を駆け抜けるランナーたち

　マラソンは、ギリシャ軍が紀元前490年にペルシャ軍をマラトンで打ち破り、その勝利を伝えるために兵士のフィリピデスが戦地から40キロ離れたアテネまで走ったことに由来します。ところが、1908年のロンドンオリンピックで王妃アレクサンドラが、ウインザー城のバルコニーからランナーたちのスタートを見ることができるように注文をつけたところから、42.195キロが公式距離と決まったといわれています。

　今日、マラソンは人気のスポーツとなり、プロ・アマを問わず何千というランナーたちが世界中の都市を駆け抜ける姿が見られます。

Correr no es de cobardes[1]

Cada vez son más las personas que se apuntan a la moda de correr. A primera y última hora del día la ciudad se llena de hombres y mujeres que, solos o en grupo y ataviados[2] con pantalones cortos y zapatillas, corren por parques y jardines. Son los *runners*, corredores aficionados que practican este deporte con devoción.

Luis Hita, con más de 100 maratones en sus piernas[3], piensa que correr es un deporte muy practicado porque no requiere un equipo demasiado complicado. Basta con unas buenas zapatillas.

La maratón, la prueba[4] reina[5] de las Olimpiadas, es el objetivo del entrenamiento de estos corredores. Es una dura prueba de 42'195 kilómetros que los aficionados suelen tardar entre 3 y 5 horas en completar.

Todas las ciudades celebran una maratón, una media maratón y numerosas carreras menores a lo largo del año. Estas pruebas deportivas son esperadas por los *runners* que, además, aprovechan esos momentos para volver a reunirse con amigos y conocidos que comparten la misma pasión por correr.

— ¿Cómo vas?

— Voy a intentar bajar de las 4 horas.

◇◇◇◇◇◇◇◇◇◇◇◇◇◇◇◇◇◇◇◇◇◇◇◇◇◇

1 　Correr es de cobardes y malos toreros.　「走るのは臆病者と下手くそな闘牛士のすること」ということわざがあるが，それをもじったタイトル
2 　ataviarse (con)　(で)着飾る
3 　en sus piernas　自分の足で100以上ものマラソンを経験している
4 　prueba　競技
5 　reina　中心的な，メインの

— Pues yo ando tocado[6] de la rodilla.

— Bueno, empieza conmigo y, si te ves bien, seguimos.

Conversaciones como esta se escuchan siempre en todas las líneas de salida antes del disparo que marca el inicio de la prueba.

Y si tu país se queda corto[7], siempre puedes correr maratones en el extranjero. Luis y Lidia Hita se encargan cada año de organizar viajes para las grandes maratones internacionales. "Cada vez hay más personas que quieren viajar para correr una maratón y, de paso, conocer otro país", comenta Lidia.

Las maratones más importantes a nivel internacional son las de Londres, Nueva York, Chicago, Boston, Berlín y, por supuesto, Tokio. Pero también son famosas las maratones y medias maratones de otras ciudades, como las de París, Atenas o la Gran Muralla China. En América Latina las maratones más populares son las de México, Argentina y Chile. Más de 1000 corredores viajan todos los años para correr las grandes maratones internacionales.

Para disfrutar de este deporte que tanto furor[8] causa en todo el mundo solo necesitamos un poco de ánimo, entrenamiento y unas buenas zapatillas.

◇◇◇◇◇◇◇◇◇◇◇◇◇◇◇◇◇◇◇◇◇◇◇◇◇◇

6   tocado (de) （が）負傷した
7   corto 足りない
8   furor 情熱, 興奮

1 本文で述べられているマラソンと日本のマラソンの現状とを比べて論じなさい。

2 次の文を読み、本文の内容と一致するものには○を、一致しないものには✕を入れなさい。

1) Actualmente el número de corredores ha disminuido. （　　）

2) Para correr una maratón no se necesita mucho equipo. （　　）

3) Los *runners* solo corren maratones. （　　）

4) Mucha gente corre maratones internacionales. （　　）

3 次の語の同義語 (sinónimo) を本文から見つけなさい。

1) lesionado:　　　　＿＿＿＿＿＿＿

2) práctica deportiva:　　＿＿＿＿＿＿＿

3) carrera:　　　　＿＿＿＿＿＿＿

4) pasión:　　　　＿＿＿＿＿＿＿

3 フラメンコの新しい
スタイル

情感あふれるフラメンコの響き

フラメンコという音楽のジャンルは長い歴史をもっています。アンダルシアがその起源ですが、カタルーニャなどスペインの他の地域に広がり、今や世界中で知られるようになりました。フラメンコは、カンテと呼ばれる歌、トケと呼ばれる伴奏（主にギター）、それと踊りによって表現される民俗芸能です。もとは家庭や地域で親から子へと受け継がれるものでしたが、今日では舞踊学校や大学でも教えらえるようになりました。アンダルシア州のカディスやセビーリャの大学では、「フラメンコ学」も確立されています。

フラメンコは目覚ましい発展を続けています。伝統的なスタイルはもちろん、現代的なリズムや他国の音楽とフュージョンした新しいフラメンコのスタイルも、人気を集めています。

3 | Nuevo flamenco y fusión

Federico García Lorca, el gran poeta y dramaturgo español de los años 20 y 30 del siglo XX, se inspiró en el flamenco y el mundo de los gitanos[1] para escribir su *Romancero gitano* o su *Poema del cante jondo*[2]. A su vez, grandes cantaores[3] como el gitano Camarón y el payo[4] Enrique Morente adaptaron en los años 70 y 80 poemas de Lorca al flamenco.

Camarón y el guitarrista Paco de Lucía fueron grandes renovadores del flamenco al incluir en sus discos y conciertos sonidos del jazz y del rock. En *La leyenda del tiempo* oímos la voz de Camarón, la poesía de Lorca y los sonidos de una guitarra eléctrica.

En el año 2003 el cantaor gitano Diego «el Cigala» publica con el gran pianista de música cubana y jazz afrocubano Bebo Valdés el disco *Lágrimas negras*, nueva versión de una vieja balada que cuenta el desconsuelo de una mujer abandonada por su amante.

El joven Cigala y el anciano Bebo se conocieron en Madrid y enseguida se hicieron amigos. Bebo le dijo: "Tú canta como gitano, y yo tocaré el piano como cubano."

---

1 gitanos　ヨーロッパに暮らす，独自の舞踊・歌唱や服飾文化をもつ民族．ロマ，ジプシーなどと呼ばれる
2 cante jondo　フラメンコの歌い方のひとつ
3 cantaor　フラメンコの歌い手
4 payo　ロマの人々にとってロマではない人々を指す呼称

La cantante Rosalía, ganadora de un premio Grammy Latino[5] en 2018, es paya y catalana, pero, como ella misma dice, "En Cataluña, la cultura andaluza se respira en cada esquina". "Yo -añade- me he criado entre hijos de inmigrantes andaluces".

La acusan de no ser una auténtica flamenca por fusionar el cante jondo con ritmos urbanos, pero ella se defiende diciendo que el flamenco nace de una mezcla de culturas, que le debe mucho a la etnia gitana, pero que la música no tiene dueño.

El estilo de Rosalía es una mezcla de flamenco y música pop, latina y electrónica. En la canción "De aquí no sales" Rosalía describe una disputa entre una pareja. La melodía tiene un ritmo tradicional, pero incorpora el sonido urbano y agresivo de los motores de las motos sobre un fondo de palmas y un grito final sampleado de la propia Rosalía.

Las nuevas tecnologías de imagen y sonido, los ritmos modernos y tradicionales, la música de distintas geografías[6] se funden en el nuevo flamenco.

◇◇◇◇◇◇◇◇◇◇◇◇◇◇◇◇◇◇◇◇◇◇◇

5   premio Grammy Latino　ラテン・グラミー賞．2000 年に創設された，スペイン語
　　圏およびポルトガル語圏の音楽を対象とした賞
6   geografía　地理，地形．ここでは「地域」の意で用いられている

1 本文の内容をもとに、以下の問いに答えなさい。

　1)　インターネットで次の曲を探して聴いてみよう。一番好きな曲はどれか。また、その理由も考えてみよう。

　　　・Camarón "La leyenda del tiempo"
　　　・Diego «el Cigala» y Bebo Valdés "Lágrimas negras"
　　　・Rosalía "De aquí no sales"

　2)　本文では次の人物が取り上げられている。この人たちは皆ロマなのか調べてみよう。

　　　・García Lorca
　　　・Camarón
　　　・Paco de Lucía
　　　・Bebo Valdés
　　　・Diego «el Cigala»
　　　・Rosalía

2 本文に、"Tú canta como gitano, y yo tocaré el piano como cubano." という文が出てくるが、次の文がこれと類似する対比的意味になるように、下線部に適切な語を書き入れなさい。

　1) Tú bebe ＿＿＿＿＿＿ como español, y yo beberé sake como japonés.

　2) Tú come con pan como español, y yo tomaré ＿＿＿＿＿＿ como japonés.

　3) Tú usa tenedor y cuchillo como español, que yo, como japonés, usaré ＿＿＿＿＿＿.

　4) En España mucha gente entra en casa con zapatos, pero yo, como japonés, me ＿＿＿＿＿＿ los zapatos.

　5) Diego, como español, da la ＿＿＿＿＿＿ para saludar, pero en Japón hace una reverencia con la cabeza, como los japoneses.

4 日本に暮らすラティーノ

異文化のなかでたくましく生きる

　アメリカ合衆国に暮らすラテンアメリカ諸国出身の移民は、今やこの国最大のエスニック・グループを形成し、政治・経済・文化など多方面で活躍しています。そしてグローバル化が加速する今日、日本にも11万人近くのスペイン語話者が暮らしていることを、皆さんはご存じでしょうか。その大半もまた、ラテンアメリカ諸国からの移民です。彼らの中には、ラテンアメリカで生まれ育った日系の移住者も少なくありません。

　祖国から遠く離れたアジアの国へ、ラティーノはどのようなきっかけで移住するのでしょうか。また、出身国とは大きく異なる文化の中で、彼らはどのような暮らしを営むのでしょうか。そんな彼らの目に、日本社会はどのように映るのでしょうか。メキシコから来た1人の女性の語りをもとに、日本で暮らすラティーノの社会について考えてみましょう。

5

4 | Latinos[1] en Japón: tu vecino lejano

Carla, mexicana, madre de dos hijos, vive en Kanagawa desde hace diez años. Ella conoció a un japonés que trabajaba en una empresa japonesa en Guanajuato[2]. Se enamoraron, vivieron tres años en pareja y tuvieron un hijo. Cuando su novio tuvo que regresar a Japón, Carla decidió ir con él. Tuvo que dejar su trabajo, su familia, sus amigos, prácticamente todo lo que tenía en su tierra. Fue una decisión que cambió drásticamente su vida. "Nunca había pensado irme de mi país. Menos aun venir a Asia, tan lejos de mi tierra", cuenta Carla.

Carla llegó a Japón y se casó con su novio. Pronto le llegó otro angelito más y se entregó con mucho amor al cuidado de su nuevo hogar. Solo que la añoranza por su país nunca la dejó en paz. Llamadas y mensajes no saciaban el deseo de ver a sus padres. Logró visitarlos un par de veces, pero el tiempo de estancia en su querida tierra nunca era suficiente.

Durante los tres años que pasó cuidando a sus pequeños, Carla casi nunca salía de casa. Era feliz con sus dos hijos, pero la diferencia de costumbres y la dificultad del idioma la ahogaban cada vez más, lo cual poco a poco fue afectando a su matrimonio. Al final tomó otra difícil decisión: separarse.

◇◇◇◇◇◇◇◇◇◇◇◇◇◇◇◇◇◇◇◇◇◇◇◇◇◇

1　latino　ラティーノ（ラテンアメリカ出身者）
2　Guanajuato　グァナフアト（メキシコシティの北西に位置するグァナフアト州の州都）

Fue entonces cuando realmente conoció el mundo latino de Japón. En sus primeros tres años no había conocido ni a un solo latino. No tenía familiares, aparte de sus hijos. Tampoco tenía amigos hispanohablantes. Hizo amistad con algunas japonesas, pero fue difícil mantener la relación a causa del idioma. "Me sentía sola, distanciada[3], porque no hablo japonés. La sociedad japonesa no es muy abierta con los extranjeros."

Ahora que tiene amigos latinos, Carla ya no está tan sola. Entre amigos pueden ayudarse mutuamente y compartir la vida en ocasiones especiales. Ahora Carla colabora en un proyecto de investigación para conocer la situación de los inmigrantes latinos que viven en Japón. "Hago entrevistas a los que han sobresalido y tenido éxito, a pesar de estar fuera de su propio país. También pensamos juntos sobre los problemas que suelen tener los latinos que viven en Japón. Creo que es importante investigar estas cosas y compartir experiencias. Sé que no soy la única que ha sufrido."

"Sentirse marginado[4] es lo más duro", dice Carla. "Lo más difícil es asumir[5] que este no es tu país y sentir que no perteneces a esta sociedad." Es fácil decir que la clave es comprender la cultura y aprender el idioma para superar esa sensación de marginación, pero para eso se necesita la colaboración de la sociedad receptora[6].

---

3 distanciada　離れた，疎遠な．ここでは「距離を置かれている」の意
4 marginado　疎外された，周辺に追いやられた
5 asumir　受け入れる，受け止める
6 la sociedad receptora　受入国の社会．ここでは日本社会を指す

EJERCICIOS

1 本文の内容をもとに、以下の問いに答えなさい。

1) 次の文を読み、本文の内容と一致するものには○を、一致しないものには×を入れなさい。

1. Carla decidió venirse a Japón para casarse con el novio del que se enamoró en México y tuvo dos hijos en Kanagawa. （　）

2. Carla se sentía feliz por ser madre de sus dos hijos pero echaba mucho de menos su país natal, especialmente a sus padres. （　）

3. Carla no tenía amigos latinos en sus primeros tres años porque pensaba que era más importante estar con su esposo y sus amigas japonesas. （　）

4. Carla piensa que los latinos que viven en Japón suelen tener las mismas dificultades que ella tuvo en sus primeros años de inmigración. （　）

2) 日本に移住したラティーノが最も苦労することは何だろうか。カルラの経験をもとに考えてみよう。

2 日本でラティーノが多く住む地域はどこにあるのだろうか。また、どのような職業に従事しているのかも調べてみよう。

5 バスクの抱えるトラウマ

国家か民族か―分断されるバスク

　1936年から39年にかけてのスペイン内戦に勝利したフランコ将軍が独裁体制を敷くと、これに反抗して、ETA、バスク語で「祖国バスクと自由（Euskadi Ta Askatasuna）」を意味する武装組織が、スペインとフランスにまたがって住むバスク人の独立を掲げて活動を開始しました。

　フランコが亡くなってスペインは民主主義の国になりましたが、ETAは武装闘争を続けます。最初のテロが実施されたとされる1960年から、武装解除する2011年までの間に、ETAは政治家、軍人、市民を合わせて853名を殺害したと言われていますが、その犠牲者の数は今もって確定していません。

　バスク人はこのトラウマを抱えたままです。スペインでベストセラーとなった『パトリア（祖国）』を読むと、このことが強く実感されます。

6

5 | *PATRIA*: una novela de Aramburu

Hernani es una pequeña ciudad del País Vasco. Tiene unos 20.000 habitantes.

En el centro de esta antigua villa está la Plaza Mayor, que ahora se llama *Gudarien Enparantza* y antes se llamaba Plaza de España. Junto al ayuntamiento hay una iglesia del siglo XVI. Hernani tiene tres frontones[1] donde los *pelotaris*[2] juegan a la pelota vasca -un deporte tradicional- y tres *ikastolas*[3], donde los niños estudian solamente en vasco. En las calles del casco viejo hay algunos restaurantes y muchas tabernas donde se pueden beber *zuritos*[4] de cerveza y comer chipirones y *pintxos* (pinchos en español). También hay sidrerías donde se bebe sidra, una bebida alcohólica fabricada con el jugo fermentado de las manzanas.

A mediados de los años 60 del siglo XX muchos inmigrantes de otras regiones españolas fueron a trabajar a las fábricas industriales del País Vasco, también a Hernani. No eran vascos ni hablaban vasco. Eran *maketos*[5].

En el casco viejo de Hernani hay un bar donde hace algo más de 30 años ETA asesinó a su propietario delante de su mujer y sus dos hijas, porque no había querido pagar el "impuesto revolucionario"[6].

◇◇◇◇◇◇◇◇◇◇◇◇◇◇◇◇◇◇◇◇◇◇◇◇◇

1 frontón　バスク・ペロタ（ラケット，バット，グローブなどを用いてボールを打つバスクのスポーツ）のコート
2 pelotari　バスク・ペロタのプレーヤー
3 ikastola　イカストラ．バスク語を用いて初等・中等教育を行う学校
4 zurito　バスク地方でよく使われる小さなビールグラス
5 maketo　移民労働者を指す差別語．「バスク・ナショナリズムの父」サビノ・アラナが用いた
6 impuesto revolucionario　テロ活動資金の調達のための「革命税」．支払いを拒絶する者に対して ETA は，脅迫状を送りつけた

A causa del terrorismo de ETA miles y miles de vascos no independentistas huyeron del País Vasco para empezar una nueva vida en otros lugares de España o del extranjero. Fue una larga época de terror y silencios cómplices[7] en la que los vecinos de un mismo pueblo se temían y se odiaban. Y esto es lo que denuncia *Patria*, la novela de Fernando Aramburu (San Sebastián, 1959) publicada en 2017. *Patria* es un best-seller, un superventas.

Patria cuenta el regreso de una mujer al pueblo, un pueblo parecido a Hernani, donde unos terroristas mataron a su marido. Allí vuelve a ver a una vieja amiga de la que se distanció[8] cuando el hijo de esta ingresó en ETA. La viuda sospecha que el hijo de su amiga, ahora encarcelado, fue el asesino de su marido. La novela trata, pues, de la amistad de dos familias rota por el terrorismo.

Extracto de una entrevista publicada en El País (2 de septiembre de 2016) a Aramburu:

Periodista: La novela empieza con el anuncio del alto el fuego[9], el 20 de octubre de 2011. ¿Ese alto el fuego es sinónimo de paz?

— No, no hay paz mientras persista el dolor de las víctimas. En Euskadi hay un deseo de olvido, se dice que no podemos estar continuamente pensando en los muertos... Yo me opongo... Los ciudadanos tienen derecho a saber qué pasó, quién lo hizo, quién lo padeció... Se cometieron crímenes atroces y estos eran tolerados e incluso aplaudidos por una parte de la población.

◇◇◇◇◇◇◇◇◇◇◇◇◇◇◇◇◇◇◇◇◇◇

7　época de terror y silencios cómplices　密告に恐れおののく疑心暗鬼の時代
8　distanciarse (de)　（から）疎遠になる
9　alto el fuego　停戦

1 本文の内容に関する次の質問に、調べて答えなさい。

1) ¿Dónde está el País Vasco?

2) ¿Qué lenguas se hablan en el País Vasco?

3) ¿Conoces algún otro deporte tradicional vasco?

4) Escribe el nombre de algunos platos típicos de la gastronomía vasca.

2 本文中に出てきたバスク語の単語をすべてリストにして、それぞれの意味・内容を調べなさい。また、バスク語とはどういう言語なのか、調べなさい。

3 本文中のインタビューでは、memoriaとolvidoをめぐる葛藤がにじみ出ている。あることを記憶しておくほうがよいのか、あるいは忘れてしまうほうがよいのか？誰でもこのような葛藤を感じるものである。次の質問に対し、自分の意見をスペイン語で書き入れなさい。

1) ¿Qué te gustaría recordar siempre?

Me gustaría recordar siempre ＿＿＿＿＿＿＿＿＿＿＿＿＿＿＿＿＿.

2) ¿Qué te gustaría olvidar?

Me gustaría olvidar ＿＿＿＿＿＿＿＿＿＿＿＿＿＿＿＿＿＿＿＿.

6 スペイン語の多様性
―メキシコシティにて

メキシコシティーの中央広場ソカロ (Zócalo)

　スペイン語は、スペインのほか、メキシコから中央アメリカを経て南アメリカまで20を超える国や地域で広く用いられている言語で、話者も5億人を超えています。当然、用いられるスペイン語にも地域差―バリエーション―があり、それは発音から語彙、文法、表現法にまで及びます。

　あるスペイン人の若い夫婦が初めてメキシコシティーを訪れ、次つぎ未知のスペイン語に遭遇して驚く様子から、スペイン語の多様性を味わってみます。若いスペイン人夫婦になったつもりで、メキシコ特有の用法の謎を解明してみましょう。

6 En la Ciudad de México: variaciones del español

El español es una lengua global que utilizan cerca de quinientos millones de hablantes tanto en España como en Latinoamérica. Lógicamente varía notablemente de región en región. El español de México, por ejemplo, a los españoles les parece a veces otro idioma.

Un joven matrimonio español que visita la Ciudad de México sale de paseo.

— ¿Cómo se va al Zócalo[1]?
— ¿Van a *rentar* un *carro*? También pueden ir en *camión*.

Como no les queda muy clara la sugerencia, deciden ir en taxi. Pero pronto entienden que les preguntaron si querían alquilar un coche o ir en autobús. Juan le pide al taxista que los lleve al Zócalo, y les sorprende la respuesta.

— *Luego*[2], señor.
— ¡Cómo luego! Ahora mismo.
— Sí, *luego, luego*.

No tardan mucho en comprender que *luego* en México significa "en seguida".

El Zócalo es la plaza principal de la metrópoli. Se quedan impresionados al ver los majestuosos edificios de la Catedral[3] y el Palacio Nacional[4].

Tienen hambre y entran en una *cantina*, el equivalente de un bar en España.

<hr>

1　Zócalo　メキシコシティの中心街にある中央広場
2　luego　「後で，後ほど」がもとの意味
3　Catedral Metropolitana　メトロポリタン大聖堂．メキシコのカトリックの総本山
4　Palacio Nacional　国立宮殿．コルテスが植民の本拠とした建物．ディエゴ・リベラの壁画で知られる

— ¿Quieren almorzar o tomar alguna *botana*?

De nuevo se quedan perplejos, pero viendo la carta adivinan que el camarero les pregunta si quieren comer[5] o tomar tapas. Piden *bistec de res*, pues les parece que seguramente será un filete de vaca o de ternera. El camarero vuelve a preguntarles.

— ¿Les traigo *tortillas*?
— ¿Pedimos tortilla de patatas[6], Ana?
— Creo que te equivocas, Juan. Las tortillas mexicanas no son como las tortillas de patatas de España. Son tortillas finas de maíz para acompañar la carne.

Ya son como excelentes detectives privados que van aclarando los secretos de la lengua.

Luego pasan por una agencia de viajes para preguntar por Xochimilco[7], los famosos canales turísticos para pasear en barca. Como México se lee Méjico, creen que se pronuncia de la misma manera.

— El domingo queremos visitar *J*ochimilco.
— No, señor, *S*ochimilco.

Aprovechando la ocasión Juan le pregunta dónde está el Teatro Xola[8], con el máximo cuidado.

— Esta noche queremos visitar el Teatro *S*ola.
— ¿Qué no será Teatro *Sh*ola, señor?

¡Qué complicada es la letra x! Aunque empiezan a *extrañar* ("echar de menos") un poquito su propia tierra, siguen disfrutando de las nuevas palabras y la pronunciación desconocida[9].

◇◇◇◇◇◇◇◇◇◇◇◇◇◇◇◇◇◇◇◇◇◇◇◇

5　comer　スペインでは「食べる」の他,「昼食をとる」意味でも使われる
6　tortilla de patatas　ジャガイモをベースにしたスペイン風オムレツ
7　Xochimilco　ソチミルコ. メキシコシティの南部にある行楽地. 水路を小さな遊覧
　　船で回遊できる
8　Teatro Xola　メキシコシティの Xola 通りに面したショラ劇場
9　ここで挙げたエピソードにはベネズエラ人研究者の Ángel Rosenblat (1971)著
　　Nuestra Lengua en Ambos Mundos から採ったものが含まれている

1 本文の内容について、以下の問いに答えなさい。

1) メキシコシティを観光するスペイン人の若い夫婦に驚くことが何度か起ったが、どのような場面か、3つ挙げて説明しなさい。

2) スペイン人夫婦が接したスペイン語のメキシコ的用法は、それぞれスペインではどのように言うか。表を埋め、その意味を書きなさい。対応するスペインの表現がない場合は空欄にしておくこと。

メキシコ	スペイン	意味
rentar		
carro		
camión		
luego		
almorzar		
botana		
cantina		
tortilla		
extrañar		

2 メキシコの X の文字は次の単語ではどのように発音されるだろうか。本文中の説明にもとづき、以下の A~D から選びなさい。

A. [x] (例、ajo), B. [ks] (例、taxi), C. [s] (例、sol), D. [ʃ] (例、英語 show)

México	
Xochimilco	
Xola	

Xochimilco

Teatro Xola

7 スペインを味わい尽くす
―パエリャの作り方

パエリャは山の幸で作るのがバレンシア流

　スペイン料理を提供するレストランは、もはや日本では珍しくなくなりました。その代表的な料理として世界中で人気なのがパエリャであることに異論はないでしょう。ですが私たちは、なんとなく「スペイン風炊き込みご飯」くらいにしかイメージしていないかもしれません。そこでこの課では、皆さんと一緒に、数多くあるパエリャのなかでも伝統的なものである「バレンシア風」のレシピを見てみたいと思います。

　パエリャの材料に何が使われているのかを丹念に見ていくと、実は、この2000年以上にわたるスペイン文化の成り立ちが手に取るように分かります。パエリャとは、オリーブオイルを使った地中海料理でありながら、スペインが位置しているイベリア半島ならではの食材、中世と呼ばれる時代に中東から持ち込まれた食材、そして大航海時代にアメリカ大陸から持ち込まれた食材とを組み合わせて作り上げられた、ひとつの「調和」なのです。

7 Una receta de la paella valenciana

1. Calentar aceite de oliva.

Primero vertemos el aceite en una sartén grande, encendemos el fuego y echamos la sal y el ajo. En la cocina española, al igual que en la italiana, siempre se utiliza aceite de oliva. Ya lo usaban para cocinar hace más de dos mil años los antiguos fenicios, griegos y romanos. El aceite de oliva es un ingrediente indispensable de la cocina mediterránea.

2. Saltear conejo, pollo, caracoles y legumbres.

Cuando el aceite de oliva está ya suficientemente caliente, añadimos trozos de conejo. Los españoles comen carne de conejo a veces. Seguramente su consumo tiene una larga tradición. De hecho, cuando los antiguos romanos conquistaron la Península Ibérica, le dieron el nombre de "Hispania" (origen de la palabra España). Hispania significaba tierra abundante en conejos. A continuación echamos los caracoles. La auténtica paella es un producto de montaña, no de mar.

3. Añadir tomate y pimentón.

Ahora vamos a poner el tomate y el pimentón dulce. Ambos ingredientes proceden del continente americano. El tomate es originario de los bajos Andes[1], pero también fue cultivado por los aztecas[2] en México. Los aztecas lo llamaban *xictomatl* (fruto con

---

1　los bajos Andes　コロンビア南部からチリ北部にかけてのアンデス低地
2　aztecas　アステカの人々

ombligo). Los españoles lo llevaron de América a España y lo llamaron "tomate" imitando el sonido de la palabra azteca "tomatl". Por su parte, el pimentón dulce es un condimento en polvo de color rojo elaborado a partir del pimiento. El pimiento es originario de la zona de Bolivia y Perú y también fue llevado a Europa por los españoles. Puede ser dulce o picante, como la *paprika* o guindilla (el chile). Si los españoles no hubieran "descubierto" este continente, ni la paella ni la cocina italiana se prepararían[3] como ahora.

4. Añadir azafrán y arroz.

A continuación añadimos azafrán. El azafrán se utiliza como colorante amarillo. Inmediatamente vertemos agua y metemos el arroz hasta que quede perfectamente cocido. Seguramente fueron los musulmanes quienes llevaron el azafrán y el arroz a la Península Ibérica desde Oriente[4]. Tras la Reconquista[5] muchos musulmanes se quedaron en esta península del sur de Europa. Los campesinos musulmanes trabajaron durante mucho tiempo en la huerta valenciana. La paella es un producto típico de Valencia y es resultado del cruce[6] de civilizaciones y culturas.

Finalmente, apaga el fuego, deja reposar la paella un rato y llévala a la mesa. ¡Que aproveche!

◇◇◇◇◇◇◇◇◇◇◇◇◇◇◇◇◇◇◇◇◇◇◇◇

3 preparar 調理する
4 Oriente オリエント. 中東世界
5 Reconquista レコンキスタ. 711年のイスラーム勢力のイベリア半島征服後, 半島北のキリスト教徒勢力によって繰り広げられた征服・植民活動
6 cruce 十字路, 交差するところ

1 次の写真は本文中に出てくる食材である。名前をスペイン語で書き入れなさい。

①
②
③
④
⑤

① _____ ② _____

③ _____ ④ _____

⑤ _____

2 パエリャ以外で有名なスペイン料理には、次のようなものがある。どのような料理か、調べてみよう。

・Pulpo a la gallega   ・Cocido madrileño

・Tortilla de patatas   ・Gambas al ajillo

・Rabo de toro

3 スペインの昼時には、次のような日替わり定食（Menú del Día）のメニューがバルやレストランの軒先に掲げられる。どのような内容なのかを調べてみよう。

Menú del Día

Primer plato a elegir:
-Ensalada mixta
-Gazpacho
-Sopa de mariscos
-Paella

Segundo plato a elegir:
-Atún a la plancha
-Calamares fritos
-Chuleta de cerdo
-Ternera a la brasa

Postre a elegir:
-Natillas caseras
-Arroz con leche
-Fruta del tiempo

Agua, Vino y Pan incluidos
12 € (IVA incluido)

---

8 世界一周—マゼランの船旅

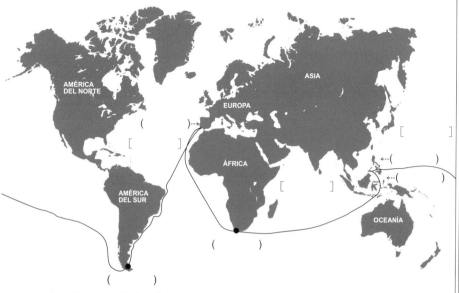

AMÉRICA
DEL NORTE

EUROPA

ASIA

ÁFRICA

AMÉRICA
DEL SUR

OCEANÍA

( )

[ ]

( )

[ ]

←-( )
←-( )

[ ]

( )

マゼランとエルカノの世界一周航路

　およそ500年前、マゼランとエルカノの率いるスペイン人航海者の
一行が、人類史上初めて地球一周を成し遂げました。地球が丸いという
ことが実証されたのです。そしてもう一人、同じくスペイン人航海者の
ウルダネータは、フィリピンからメキシコへの航路を開きます。「グロー
バリゼーション」の始まりでした。

　船旅では何カ月も何年もかけて海を渡っていましたが、いまや空の
旅が主流となり、私たちは地球上のあらゆるところへわずかな時間で行
くことができるようになりました。大航海時代の帆船に代わり、今日で
は飛行機が海を越え人々をつないでいます。

8 | La vuelta al mundo

Coloquialmente decimos que el sol "nace" o "sale" por Oriente (el orto) y "muere" o "se pone" en Occidente (el ocaso). Así, si Japón es el "País del Sol Naciente", España es el "País del Sol Poniente".

Entre España y Japón hay una distancia de unos 11.000 kilómetros y una diferencia horaria de 8 horas en invierno y 7 en verano. En un vuelo directo, sin escalas, para ir de un extremo a otro de Eurasia empleamos 14 horas aproximadamente.

Hace 500 años el marino español Juan Sebastián Elcano[1] completó la primera circunnavegación de la Tierra. Los barcos habían salido de la Península Ibérica, al mando[2] del marino portugués Fernando de Magallanes[3], el 20 de septiembre de 1519. La escuadra atravesó el Atlántico, cruzó el Estrecho de Magallanes, atravesó el Pacífico, llegó a las islas Filipinas -donde Magallanes murió en una batalla-, y continuó hasta las Molucas, las islas de las Especias[4]. El regreso a España lo hizo Elcano navegando por el Índico hacia el oeste y entrando de nuevo en el Atlántico tras doblar África por el cabo de Buena Esperanza. La nao Victoria llegó a España el 6 de septiembre de 1522. Los marinos españoles tardaron 3 años en dar por primera vez la

---

1 Juan Sebastián Elcano (1476-1526) フアン・セバスティアン・エルカノ．バスク地方出身の探検家
2 al mando (de) （の）指揮の下
3 Fernando de Magallanes (1481-1520) フェルナンド・デ・マガリャネス．ポルトガル出身の探検家．日本語では「マゼラン」として知られる
4 las islas de las Especias　スパイス諸島（モルッカ諸島：現在のインドネシアに位置する）

vuelta al mundo.

Tras el viaje de Magallanes y Elcano se sabía que los barcos podían ir de América a Filipinas, pero no se conocía la ruta para regresar por el Pacífico. Finalmente, en 1565 Urdaneta[5], un marino español, descubrió la ruta de regreso a Nueva España (México) gracias a la corriente de Kuroshio. Desde entonces y durante más de dos siglos el galeón de Manila[6] cruzó el océano varias veces al año entre Acapulco y Manila. Los galeones tardaban entre 3 y 5 meses en cruzar el océano. Las mercancías del galeón de Manila se llevaban por tierra desde Acapulco a Veracruz, desde donde salía la Flota de Indias[7] hacia Cartagena de Indias o La Habana para después cruzar el Atlántico hasta Cádiz o Sevilla.

Ahora un vuelo entre Acapulco y Tokio, con escala en México, dura unas 16 o 17 horas y un vuelo entre Acapulco y Madrid unas 12 horas. Podemos salir y volver a Tokio haciendo escala en Madrid y Acapulco en menos de 48 horas.

El "descubrimiento" de América -el nuevo Continente- y la circunnavegación de Magallanes y Elcano confirmaron la antigua Teoría de la Esfera[8] e iniciaron la modernidad. De esto hace ahora 500 años. Los aviones de hoy son los herederos de los barcos de ayer.

◇◇◇◇◇◇◇◇◇◇◇◇◇◇◇◇◇◇◇◇◇

5 Andrés de Urdaneta y Ceráin (1508-1568)　アンドレス・デ・ウルダネタ．バスク地方出身の探検家．聖アウグスチノ修道会の修道士でもあった
6 el galeón de Manila　マニラ・ガレオン船．スペインの貿易船
7 la Flota de Indias　インディアス艦隊．植民地とスペインとの間の輸送に用いられた
8 la antigua Teoría de la Esfera　古代ギリシャ人がもっていた地球球体説

1 本文に即して次の問に答えなさい。

1) マゼランとエルカノによる地球一周の中継地として紹介された次の地名 a〜h を、29 ページの地図の（　　）に入れなさい。なお、[　　] 内には海洋名が入る。

    a.　la Península Ibérica

    b.　el océano Atlántico

    c.　el estrecho de Magallanes

    d.　el océano Pacífico

    e.　las islas Filipinas

    f.　las islas Molucas

    g.　el océano Índico

    h.　el cabo de Buena Esperanza

2) 日本とスペインとの時差について、次の問いにスペイン語で答えなさい。

    a.　¿Qué hora es en España cuando en Japón son las 9 de la noche el 5 de agosto?

    b.　¿Qué hora es en Japón cuando en España son las 10 de la mañana el 2 de enero?

2　「グローバリゼーション（グローバル化）」という語の意味について考えてみよう。どういう意味で使われているのか。また、なぜ「グローバリゼーション」と呼ぶのだろうか。

9 多様化する結婚のかたち

マドリードのプライド・パレードに集う人々

　この50年で、スペイン人の生活様式は大きく様変わりしました。他の国々と同じく、スペインでも異性間の結婚が多くを占めていることに変わりはありませんが、2005年からは、同性のカップルも結婚することが可能になりました。しかし、いまのところカトリック教会は、同性間の結婚を認めてはいません。

　確かにスペインの人口の過半数がカトリック教徒としての意識を抱いているはずです。しかし今や、キリスト教的な結婚儀礼ではなく、民法上の世俗的な入籍のほうが一般的になってきました。

9 ¡Vivan los novios!

En España, como en todo el mundo, la mayoría de los matrimonios se celebra entre cónyuges de distinto sexo, pero también hay matrimonios entre cónyuges del mismo sexo.

Chueca[1] es un barrio del centro de Madrid donde todos los años, a principios de julio, se celebra la fiesta del "Orgullo gay", que ahora recibe también el nombre de "Orgullo LGTBIQ＋"[2] para incluir a otras minorías de distintas tendencias sexuales. Cientos de miles de personas, españoles y extranjeros, acuden a esta fiesta para divertirse y para luchar por sus derechos.

La homosexualidad era castigada como un delito en la España de Franco[3], pero en el nuevo régimen democrático que sucedió a la dictadura poco a poco todo cambió. La homosexualidad se convirtió en un comportamiento socialmente aceptado.

Ahora los homosexuales, además de casarse, también pueden formar una familia, ya que pueden adoptar legalmente hijos. No solo en Chueca, sino por cualquier calle de Madrid o de Barcelona o de muchas otras ciudades las parejas del mismo sexo pasean de la mano o se besan.

España es un país de tradición católica y la Iglesia católica se

1 Chueca　チュエカ地区．性的マイノリティの多く集う，マドリードの中心街区
2 Orgullo LGTBIQ+　プライド・パレード．全世界で6月を中心に開催される性的マイノリティーの人たちの文化を讃えるイベント
3 la España de Franco　フランコ独裁時代のスペイン

opone al matrimonio entre homosexuales. Sin embargo, en los últimos años ha habido un aumento de jóvenes no creyentes[4], y el número de bodas civiles[5], es decir, las que se celebran en un juzgado o en un ayuntamiento, es muy superior al de las bodas católicas que se celebran en una iglesia (menos del 30%).

En las bodas católicas las novias se visten con un vestido blanco de seda y un velo y los novios se ponen chaqué[6], corbata y zapatos de color oscuro. En las ceremonias católicas el sacerdote hace una pregunta, primero al novio y luego a la novia: "¿Prometes ser fiel a tu esposa en la prosperidad y en la adversidad, en la salud y en la enfermedad, y amarla y respetarla todos los días de tu vida?" El novio contesta: "Sí, quiero". Luego, el sacerdote hace la misma pregunta a la novia.

Tras la ceremonia, tanto en las bodas religiosas como en las civiles, se celebra un banquete. Las bodas en España son caras. El coste medio es de 20.000 euros. Hay que tener en cuenta que hay muchos invitados y que un vestido de novia cuesta aproximadamente 1.750 euros. El mes favorito de los españoles para casarse es septiembre, y este es el más caro.

Por cierto, España es el segundo exportador mundial de vestidos de novia, por detrás de China.

◇◇◇◇◇◇◇◇◇◇◇◇◇◇◇◇◇◇◇◇◇◇◇◇◇

4　no creyentes　無宗教の
5　bodas civiles　民事婚
6　chaqué　モーニングコート

1 本文中に出てくる「LGTBIQ+」という略語は、ある性的マイノリティを示す単語
の頭文字を並べたものである（最後の＋は、他にも多種多様なマイノリティが存在
しうることを示す）。それぞれどのような意味であるのかを調べなさい。

L ・・・(　　　　　　　　　　　　)

G ・・・(　　　　　　　　　　　　)

T ・・・(　　　　　　　　　　　　)

B ・・・(　　　　　　　　　　　　)

I ・・・(　　　　　　　　　　　　)

Q ・・・(　　　　　　　　　　　　)

2 本文に関連する次のスペイン語の質問に、調べて答えなさい。

1) ¿Cuál es la religión mayoritaria de los españoles?

2) Los católicos van a rezar a la iglesia. ¿Adónde van a rezar los musulmanes?
¿Y los judíos?

3 本文に出てくる次のフレーズ "tanto en las bodas religiosas como en las civiles,
se celebra un banquete" に関連して、次の下線部に、適切なスペイン語を書き入
れなさい。

a. Tanto en España como en México se habla ＿＿＿＿＿＿＿.

b. En España en verano hace calor tanto de día como de ＿＿＿＿＿＿＿.

c. Tanto los perros como los ＿＿＿＿＿＿＿ son animales de compañía.

d. Tanto mi padre como mi ＿＿＿＿＿＿＿ son muy simpáticos.

10 スパングリッシュ
——アメリカ合衆国のスペイン語

英語とスペイン語が入り混じるニューヨークの街角

　スペイン語圏の国や地域からアメリカ合衆国に移り住んでいる住人
は次第に増え、2010年の国勢調査では5000万に達しています。ニュ
ーヨーク、ロサンゼルス、マイアミ、ヒューストンなどの都市では、こ
のようなスペイン語系市民（latinosあるいはhispanos、また英語では
hispanicsと呼ばれる）の比率がとても高くなっています。例えば、ロ
サンゼルスに旅行すると、空港やホテル、地下鉄、レストランなど街
のいたるところでスペイン語系住民に接することになり、その存在感
に圧倒されることになります。彼らは英語とスペイン語を併用して暮
らしているので、英語に強く影響を受けたスペイン語を話すことにな
ります。このようなスペイン語がスパングリッシュと呼ばれます。
SpanishとEnglishを混合して作った呼称ですが、"el español de
EE.UU. (Estados Unidos)"と呼ぶ方が適切でしょう。

10 | *Spanglish*[1]: el español de EE.UU.

Cuando uno va por primera vez a las grandes ciudades de Estados Unidos, como Nueva York, Los Ángeles, Miami o Houston, le sorprende ver tantos anuncios escritos en español y oír tantas palabras dichas en español. Al pasear por sus calles es fácil cruzarse con gente de origen hispano.

En los comercios y restaurantes se atiende en español. La presencia de la población latina en los medios de comunicación, la política y la educación es considerable.

Los letreros, como *cerrado* (*closed*), *salón de belleza* (*beauty salon*), *lavandería* (*coin laundry*), *botica* (*pharmacy*), *dona* (*doughnut*) y muchos más, están escritos en español, a veces junto con las traducciones en inglés.

Según el último censo (2010), hay aproximadamente 50 millones de hispanos en Estados Unidos, el 16% de toda la población (308 millones), y con un ritmo de crecimiento del 43% en la última década. El número de hispanos en Estados Unidos es superior a la población de España (46 millones). Los hispanos se concentran en las grandes ciudades: Nueva York (28,5%), Los Ángeles (48,4%) o Houston (43,8%), siendo en estas dos últimas casi la mitad del total de la población.

◇◇◇◇◇◇◇◇◇◇◇◇◇◇◇◇◇◇◇◇◇◇◇◇

1 Spanglish　スペイン語では espanglish と表記されることもある

Los hijos de los inmigrantes originarios –en su mayor parte procedentes de México y Centroamérica– han nacido en Estados Unidos, y son bilingües. Diariamente utilizan el inglés en la oficina y la escuela, y el español en familia. En esta situación nace el llamado *Spanglish*, o el español de EE.UU., una mezcla de ambos idiomas, aunque, en realidad, se trata del propio idioma español al que se incorporan palabras y expresiones prestadas del inglés. Veamos un par de ejemplos de Spanglish.

Nos estamos *friziando* porque no sirve el *jira* en la oficina.

Tengo que *dar para atrás* el libro a la biblioteca.

En el primero *friziarse* y *jira* se derivan de *to freeze* (congelarse) y *heater* (calefactor), y en el segundo *dar para atrás* es una imitación de *to give back* (devolver).

En el siguiente diálogo escucharemos hablar de "coches" a dos chicos latinos que nacieron en Los Ángeles.

— Mi carro anda mal y el otro día se paró en el *freeway*[2]. Mi amigo tuvo que ayudarme a *pucharlo*. Quiero comprar uno nuevo.
— Hay carros que corren con electricidad y *gas*.
— Sí, son muy económicos.
— Muchos modelos nuevos están entrando a la *marqueta*.

◇◇◇◇◇◇◇◇◇◇◇◇◇◇◇◇◇◇◇◇◇◇◇◇

2 freeway と gas はアメリカ英語がそのまま用いられている．puchar は to push, marqueta は market を英語にとり入れたもの．それぞれの意味を調べなさい

1 本文の内容について、以下の問いに答えなさい。

1) スパングリッシュとはどういうものだろうか。また、どのように生まれるのか説明しなさい。

2) 次のスパングリッシュの語句のもととなった英語の語句および意味を書き入れなさい。

スパングリッシュ	英語	意味
friziarse		
jira		
dar para atrás		
puchar		
gas		
marqueta		

2 スパングリッシュの具体例について書かれた次の文を読んで、（　）内に適語を入れなさい。

　スパングリッシュの単語には、その発音を聞いただけでもとの英語が想像できるものが多い。例えば、lonche や cliquear はそれぞれ英語の（　　　　　）、（　　　　　）に由来する。英語の park「駐車する」、chat「チャットする」は、スパングリッシュでは parquear, chatear のように-ear という語尾を付けてスペイン語化されている。上の cliquear もそのように造語されている。

　また、まったく違う意味をもつが、英語に似た響きの単語を利用して作られているものもある。例えば、carpeta はスペイン語の本来の意味は（　　　　　）だが、英語の carpet の意味（カーペット）で用いられることがあるという。紛らわしいのは librería だ。スペイン語ではもちろん（　　　　　）の意味であるが、スパングリッシュでは英語の library と似ているために（　　　　　）の意味で用いられることがある。

11 スシだけが日本食ではない

にぎわいを見せるスペインの日本料理店

　どの国にも代表的な料理があります。スペイン料理というとすぐに
パエリャが思い浮かびます。メキシコ料理ならタコスやケサディージャ
であり、ペルー料理ではセビーチェが定番です。

　スペイン語圏、とくにスペインでは、いま日本食は大きなブームにな
っています。寿司やみそ汁をはじめ、ラーメン、焼き鳥などが庶民の間
で人気のグルメです。いうまでもなく、食は文化と密接な関係にありま
す。一つの料理とその国の習慣や文化を切り離すことはできません。日
本食ブームと若者の日本志向とがどういう関係なのか見てみましょう。

11 | No solo de sushi vive el hombre[1]

Aunque el sushi es para muchos la comida más típica de Japón, este plato no es el único que figura en la oferta gastronómica de los restaurantes japoneses de toda España. Platos como el *ramen*, el *yakitori*, el *okonomiyaki* o el *takoyaki* son ya indispensables para los amantes de la comida japonesa.

Internet se ha llenado en poco tiempo de artículos sobre "los diez mejores restaurantes de *ramen*" en ciudades como Madrid o Barcelona. En un principio el *ramen*, descrito como "el cocido[2] japonés", solo era conocido entre los aficionados al *manga* o al *anime*. Ahora los *influencers*[3] muestran estos fideos en sus fotos de Instagram, la gente hace cola en la puerta de los restaurantes para poder degustarlos o acude a los supermercados a comprar una variante de estos fideos instantáneos que una compañía de alimentación ha puesto a la venta.

Otra de las comidas japonesas que está triunfando en España es el *yakitori*. Tanto las brochetas de pollo a la brasa como la estética de los locales donde se sirven combinan perfectamente con la costumbre española de ir de tapas[4]. Hay restaurantes que han sabido fusionar lo mejor de una y otra cocina ofreciendo versiones

1 No solo de pan vive el hombre. 「人はパンのみにて生きるにあらず」というスペイン語のことわざをもじったタイトル．日本料理は寿司だけではない，という意味
2 cocido コシード．豆や腸詰，ジャガイモなどの入った煮込み料理
3 influencer インフルエンサー．SNSなどで情報発信し他人の購買などに影響を与える人．ブロガー，ユーチューバー，インスタグラマーなど
4 tapa 小皿料理，おつまみ

ibéricas del *yakitori*. Es el caso de "Yakitoro", el restaurante madrileño del cocinero español Alberto Chicote. El nombre del local indica esta idea de fusión, ya que combina la palabra japonesa *yakitori*, la brocheta de pollo japonesa, con la palabra toro, el animal más icónico[5] de la cultura española.

Si el *ramen* es conocido como el "cocido japonés", el *okonomiyaki* es la "pizza o tortilla japonesa". El chef español Borja García decidió abrir un restaurante al estilo de los *izakaya* tokiotas[6], pero el *sushi* no está en su menú. Su restaurante, "Hattori Hanzo", fue incluido en la Guía Michelin del 2018.

El *takoyaki*, sin embargo, todavía no tiene un lugar de honor[7] entre los aficionados a la comida japonesa y es difícil encontrar un local especializado en estos buñuelos[8] de pulpo. En estos restaurantes sirven el *takoyaki* más al gusto occidental dando más opciones de salsas y relleno: pulpo, calamar, pollo o incluso maíz para los clientes vegetarianos. Además, los locales de *takoyaki* se han convertido en puntos de encuentro para los amantes de la cultura japonesa, ya que en ellos se organizan intercambios culturales y de idiomas o jornadas[9] de *manga* y *anime*.

Aunque para comer un auténtico bol de *ramen*, darle la vuelta con maña[10] a un *okonomiyaki* o disfrutar con los amigos de un surtido de *yakitori* sigue siendo imprescindible viajar a Japón, en España ya hay muchas buenas alternativas.

◇◇◇◇◇◇◇◇◇◇◇◇◇◇◇◇◇◇◇◇◇◇

5   icónico　象徴的な，典型的な
6   tokiota　東京の
7   lugar de honor　上位
8   buñuelo　（ボール状のタラの）フリッター
9   jornada　ワークショップ，講習会
10 con maña　巧みに，上手に

1 スペインやラテンアメリカの料理（食べ物）で知っているものを挙げ、それがどのようなものか説明しなさい。また、外国でよく知られている日本食をインターネットなどで調べてみよう。

2 本文の内容に関する、次の質問にスペイン語で答えなさい。

1) ¿Cuáles son los platos japoneses más populares en España?

2) ¿Por qué el *yakitori* y los bares con su estética han conseguido popularizarse en España?

3) ¿En qué se diferencia el *takoyaki* japonés del que se sirve en España?

4) ¿Que tienen de especial los restaurantes de *takoyaki* españoles?

3 本文に出てくる日本食の他に、スペインやラテンアメリカで人気が出ると思えるものをあげてみよう。また、その理由についても考えてみよう。

12 コカ—アンデスの秘薬

山の斜面を利用して栽培されるコカ

　南米アンデス原産のコカの木。コカは遥かプレインカの時代から、神聖なものとして尊重されてきました。ペルーやボリビアの山岳地域では、コカの葉は今日でも、土着の神々への捧げものとして、また医療や占いの道具として用いられています。19世紀にヨーロッパでこの葉からコカインを精製する技術が生まれ、日本を含む諸外国では、「コカ」には麻薬のイメージがつきまとうようになりました。しかし、大量の化学薬品を用いて作られるコカインとは違い、自然のままのコカの葉は麻薬ではありません。アンデスの人々の日常の中で、コカの葉は体に良い嗜好品の一つとして愛されています。この課では、コカの葉の産地の風景とともに、その生産のプロセスを覗いてみましょう。

12 | La coca no es cocaína

— Buenos días.
— Buen día.

Mujeres y hombres caminan por las sendas del cerro saludándose. También se escuchan los saludos de pájaros y grillos. Entre los árboles pasa la brisa que trae el calor del día. Son las seis de la mañana.

Los habitantes de los Yungas, una zona semitropical[1] de Bolivia, se levantan antes del amanecer. Toman un desayuno simple con un café caliente preparado con granos recién tostados y molidos. Preparan una botella de agua y la merienda, y salen a trabajar. ¿A dónde? A sus cocales, sus parcelas[2] de plantas de coca.

En los Yungas la coca se cultiva legalmente[3]. La planta de coca llega más o menos a la altura de nuestra cintura. Sus hojas son ovaladas, tiernas y alcanzan unos cinco centímetros de largo. Las hojas jóvenes son de color verde lima y van tomando un color más fuerte al crecer. Cuando ya está bien verde y firme la textura, es tiempo de cosechar.

Generalmente la cosecha es trabajo de mujeres. Los hombres se encargan de trabajos más pesados como cavar surcos, plantar plantones y podar ramos. Las cosechadoras amarran la *cotensia*,

◇◇◇◇◇◇◇◇◇◇◇◇◇◇◇◇◇◇◇◇◇◇◇

1　semitropical　亜熱帯の
2　parcela　区画, 区分地. ここでは個人の所有する畑を指す
3　legalmente　合法的に

una tela cuadrada de algodón parecida al *furoshiki* japonés, a su cintura. Allí meten las hojas maduras que recogen cuidadosamente. No hay que romper las hojas ni dañar los ramos. Es un trabajo delicado que solo se hace con las manos, pero ¡qué rápido avanzan! Las mujeres yungueñas[4] lo aprenden de niñas.

Las hojas cosechadas se extienden al sol de la mañana. Si hace buen tiempo, una mañana es suficiente para secarlas. El proceso de secado es muy importante, porque, si las dejan frescas, las hojas se van amarilleando y si se secan demasiado, se vuelven crujientes y frágiles. Un mal secado hace bajar el precio.

La coca es uno de los productos agrícolas más cotizados[5] en los Andes. Para vender las hojas, las embolsan en partidas de[6] cincuenta libras y las llevan al Mercado de Coca de La Paz, la sede del gobierno del país. Toda la coca producida en este sector de los Yungas llega a este mercado estatal.

La hoja natural de coca se consume todo a lo largo de[7] los Andes. Con ella se prepara mate caliente, aunque también se consume directamente masticándola. Es un reconstituyente que alivia el cansancio, y también ayuda a aliviar el soroche. Por otra parte, la coca es un elemento imprescindible en las costumbres y ceremonias rituales. La hoja de coca es uno de los pequeños placeres que, como el café y el té verde, enriquece la vida cotidiana, pero también es un componente mítico y sagrado de la vida espiritual de los pueblos andinos.

◇◇◇◇◇◇◇◇◇◇◇◇◇◇◇◇◇◇◇◇◇◇◇◇

4 yungueño ユンガスの人々
5 cotizado 高い値がつけられる
6 partidas de 〜（量）ずつの
7 a lo largo de 〜に沿って，〜中ずっと

1 本文の内容をもとに、以下の問いに答えなさい。

1) 本文中で説明される "la cosecha" と "el secado" の写真を、次の A〜D から選びなさい。

A　　　　　　　　　　　　B

C　　　　　　　　　　　　D

2) アンデス地域では、コカの葉はどのような形で消費されるのか。また、どのような薬効があるのか。日本語で説明しなさい。

2 インターネットなどを使って日本の緑茶の生産工程を調べ、コカと比べてみよう。

13 暴走するキックスクーター

キックスクーターはエコで便利だが問題も生む

　日本では、自転車が日常生活に欠かせない便利な市民の足になっています。それに比べ、スペインでは、自転車が用いられるようになったのは比較的最近のことです。近年のエコブームの波に乗り、大都市には自転車専用レーンが設けられ、市民や旅行者向けのレンタル自転車もずいぶん普及してきました。

　ところが、小さくてエコな1人乗りの移動機具である電動キックスクーターが普及してくると、交通に支障をきたし、その対処に自治体が頭を悩ませているようです。

13 | ¡Abran paso, que voy en patinete![1]

Uno de los principales problemas de las grandes ciudades europeas es el tráfico. Los atascos de los coches en las calles, el ruido y la contaminación son un peligro tanto para la seguridad como para la salud de los ciudadanos. Para hacer frente a este problema los ayuntamientos favorecen[2] el uso de nuevos medios de transporte denominados vehículos de movilidad personal (VMP)[3], como los *hoverboard*, los *segways* o los patinetes eléctricos.

Este último, el patinete eléctrico, es pequeño, manejable y fácil de plegar. Al ser eléctrico es respetuoso con el medio ambiente. Es rápido y, lo más importante, es muy asequible. Es el preferido por los ciudadanos de entre 18 y 40 años, que lo usan para ir a la universidad o al trabajo. En poco tiempo el patinete eléctrico ha revolucionado el transporte dejando atrás[4] su imagen de regalo perfecto para los pequeños de la casa.

Sin embargo, con los patinetes aparecieron nuevos problemas en las calles. Debido al rápido crecimiento de sus usuarios y la ausencia total de normas los patinetes de alquiler aparecen aparcados de cualquier manera y en cualquier sitio entorpeciendo[5]

1   patinete　キックスクーター，キックスケーター
2   favorecer　に味方する，有利に働く
3   VMP (vehículo de movilidad personal)　（公共交通機関に対する）個人の移動機具
4   dejar atrás　置き去りにする，忘れさせる
5   entorpecer　妨害する，じゃまする

el paso en calles estrechas; sus usuarios obstaculizan el tráfico rodado[6] y el peatonal. Hay numerosos atropellos, incluso con víctimas mortales, ya que los usuarios de estos patinetes eléctricos, que carecen de freno, a veces conducen a velocidades de hasta 30 kilómetros por hora.

Al igual que ocurre con las bicicletas, no hay ningún límite de edad para subirse a un patinete. Tampoco hay restricciones en el número de pasajeros. No existe la obligación de usar medios de protección como el casco. Y lo más importante, faltan reglas de circulación. Hay que regular por dónde y a qué velocidad pueden circular los patinetes.

Las primeras ciudades en plantarle cara a[7] este problema han sido Madrid, Valencia y Barcelona. En estas urbes la edad mínima para conducir estos VMP son los 15 años. Está prohibida la circulación de patinetes en aceras y calles muy transitadas. También está prohibido aparcar en las aceras e incluso se ha limitado a 10 km/h[8] su velocidad.

Sin embargo, cada vez son más las quejas de los ciudadanos, que ven cómo estos medios de transporte, aunque han favorecido la reducción de vehículos de combustión[9] y han mejorado la calidad del aire, están invadiendo sin control los espacios públicos de la ciudad.

◇◇◇◇◇◇◇◇◇◇◇◇◇◇◇◇◇◇◇◇◇◇◇

6   rodado　車両の，車輪のある
7   plantar cara a　〜に立ち向かう，対決する
8   km/h = kilómetros por hora
9   vehículo de combustión　自動車のこと

EJERCICIOS

1 本文に書かれているスペインの交通事情と日本の状況を比較してみよう。

2 次の問いにスペイン語で答えなさい。

1) ¿Cómo se llaman estos medios de transporte?

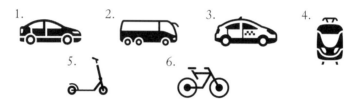

1. 2. 3. 4.

5. 6.

2) ¿Cuáles son los más frecuentes en la ciudad donde vives?

3 本文の内容について次の質問に日本語で答えなさい。

1) ¿Cuáles son las características de los patinetes eléctricos?

2) ¿Cuáles son los principales problemas del uso de los patinetes en las ciudades españolas?

3) ¿Cuáles son los puntos positivos del aumento del uso de VMP en las ciudades?

4) ¿Qué normas se han dictado en ciudades como Madrid, Valencia o Barcelona para el uso de los patinetes?

海を越えた"オタク"文化

Salón de Manga には多くのコスプレファンが集まる

　今や日本のマンガやアニメにはどの国に行っても多くのファンがいて、スペインやメキシコなどの書店に入ると日本のマンガコーナーが大きなスペースを占めています。

　毎年開催されるバルセロナのマンガ・フェスティバル（Salón de Manga）は 2019 年には何と 25 周年を迎え、15 万 2000 人をこえる人たちがマンガやアニメという共通の興味をもって集まりました。彼らは「オタク」と呼ばれる集団でした。

　「オタク」という言葉は、日本では内向的で暗いイメージで使われていますが、スペイン語圏の国々で用いられるこの言葉の響きはまったく異なっていることがわかります。

14 | Yo soy un *otaku*

"Yo soy un *otaku*". Hoy día no es extraño oír esta frase en cualquier país de España o Hispanoamérica. La cultura *otaku* ha desbordado[1] las fronteras de Japón, pero con un significado muy distinto.

El término japonés *otaku* normalmente hace referencia a aquellas personas que, obsesionadas[2] por sus aficiones, llevan un tipo de vida asocial[3]. Es un término peyorativo, un insulto. Sin embargo, en España y en Latinoamérica, el término *otaku* simplemente designa al aficionado al *manga*, al *anime* y a otras manifestaciones artísticas o de entretenimiento a ellos asociados[4], como la cultura *pop*, la música o los videojuegos japoneses.

Aunque en un principio la cultura *otaku* se describía como un fenómeno asocial, en la actualidad los *otaku* han creado su propia tribu[5] urbana, un grupo muy heterogéneo pero, sobre todo, respetuoso con los demás.

Una de las señas de identidad de los *otaku* es el *cosplay*, un arte que va más allá[6] del mero disfraz. Más que un entretenimiento es una experiencia: convertirse en el personaje imitado adoptando

◇◇◇◇◇◇◇◇◇◇◇◇◇◇◇◇◇◇◇◇◇◇◇◇◇◇

1　desbordar　（境界を）越える
2　obsesionar　（に）取りつく
3　asocial　非社交的な
4　asociar (a)　（に）関連づける
5　tribu　種族，集団，グループ
6　ir más allá (de)　（を）越える

no solo su vestimenta, sino también sus gestos o su manera de hablar. Cuanto[7] más elaborados son los atuendos[8], más prestigio tiene su creador dentro de la comunidad *otaku*.

En un salón de manga[9] pueden reunirse multitud de seguidores de la cultura *otaku*. Son famosos la *Expomanga* de Madrid, el *Salón del Manga* de Barcelona o el *Comic-con* de Ciudad de México.

En estos salones podemos encontrar todos los exponentes de la cultura *otaku* que normalmente solo aparecen en Internet: puestos con las últimas novedades de *manga*, *anime* o música *j-pop*; tiendas de moda con la ropa y los accesorios más estrafalarios[10] de las tribus urbanas japonesas; *stands* donde jóvenes *otakus* dan a conocer sus propios *mangas*; *merchandising*[11] importado desde Japón e incluso restaurantes donde los asistentes hacen largas colas para probar los platos que han visto innumerables veces en sus series[12] favoritas.

En conclusión, la cultura *otaku* en España o Latinoamérica es un modo de relacionarse provocado por la común admiración hacia uno de los rasgos culturales más internacionales de Japón: el *manga* y el *anime*.

<hr>

7   cuanto más....(tanto) más ...   ～すればするほど，ますます～
8   atuendo   衣装，服装
9   salón de manga   マンガやアニメの国際的な大会
10 estrafalario   奇抜な，とっぴな
11 merchandising   キャラクター商品
12 serie   アニメ・シリーズ

EJERCICIOS

1 スペイン語の otaku は日本語のオタクとどのように違うのか、また、もし外国人が自分は otaku ですと言って近づいてきたら、どのような印象をもつのか考えなさい。

2 次のような意味の語句を本文から探しなさい。

_____ : Grandes convenciones donde los aficionados pueden encontrar todo lo relacionado con manga, anime y cultura japonesa en general.
_____ : Series de animación producidas en Japón.
_____ : Grupo formado por personas muy variadas.
_____ : Historias ilustradas o cómics procedentes de Japón.
_____ : Actividad que consiste en disfrazarse, actuar e incluso hablar como un personaje de ficción.
_____ : Que transmite una idea negativa.

3 次の文章は、スペインやラテンアメリカで otaku という語がもつ意味を要約したものである。本文から適語を選び、下線部に入れて、この文を完成させなさい。

Para la sociedad española o hispana, el término otaku no es _____. Los otakus son un grupo de personas _____ que comparten su gusto por la cultura japonesa. Se reúnen en _____ donde pueden comprar _____ y _____, ropa y accesorios importados de Japón. Además muchos practican el _____, disfrazándose de sus personajes de *anime* favoritos.

15 国立図書館でゲームする？

スペイン国立図書館にはゲームソフトも収蔵されている

　スペインでは、いわゆるテレビゲームが大人気です。2018年には15億3000万ユーロの収益をあげ、映画や音楽をおさえて業界のトップに踊り出ました。ゲームの中でもサッカーが最も好まれているようで、ゲーマーたちは、国境を越えてオンラインでプレーしています。

　スペイン国立図書館では、ゲームは時代を映す有益な文化資料であるとの考えから、ゲームソフトを保存する取り組みが行われています。そのうち図書館の資料室でサッカーゲームができる日が来るのかもしれません。

15 ¿Nos echamos[1] un FIFA[2] en la Biblioteca Nacional?

La Biblioteca Nacional de España[3] fue fundada a finales del año 1711 por el rey Felipe V con el nombre de Real Biblioteca Pública[4]. Los impresores debían depositar[5] por ley un ejemplar de todos y cada uno de los libros impresos en España. Algo más de un siglo después, en 1836, la biblioteca dejó de ser propiedad de la Corona[6] y cambió su nombre por el de Biblioteca Nacional.

Esta institución lleva trescientos años conservando todo tipo de material cultural producido en España: libros, periódicos, revistas, grabados, mapas, partituras musicales, grabaciones, videos, etcétera. La BNE tiene más de 34 millones de materiales, la mitad de los cuales son libros.

La Biblioteca recibe cada año un buen número de becarios que, tras terminar sus estudios en la universidad, acuden a formarse allí como bibliotecarios, archiveros o investigadores.

Uno de estos becarios comentó: "A mí lo que me gusta es algo que no vais a tener: los videojuegos". Se equivocaba, la BNE tiene un catálogo de mil videojuegos producidos en España que han

1 echarse (un videojuego) （テレビゲームを）1 試合する
2 FIFA 世界サッカー連盟 (la Federación Internacional de Fútbol) の公式ゲームのこと．スペインでは最も売れているゲームで，毎年新しい版が出る．世界のサッカー選手の活躍やその時点のスポーツジャーナリストの評価を反映している
3 Biblioteca Nacional de España スペイン国立図書館
4 Real Biblioteca Pública 王立公共図書館
5 depositar 預ける，納める
6 corona 王室，王国

ido ingresando[7] desde los años 80. Según la directora de la BNE, Ana Santos, "los videojuegos son un producto cultural de primera línea[8]: ahí trabajan diseñadores, dibujantes, músicos... Además, las historias reflejan en muchos casos la sociedad de hoy. También hay grupos de investigación en las universidades dedicados a estudiar este fenómeno".

A partir de la pequeña anécdota del becario, la BNE comenzó a trabajar en su colección de videojuegos reuniendo consolas[9] o emuladores[10] de todas las épocas para hacer posible la reproducción de estos juegos históricos.

Aunque aun no están accesibles en las bases de datos[11] y catálogos de consulta, en la actualidad la Biblioteca Nacional de España busca[12] habilitar un espacio donde investigadores y aficionados podrán consultar todos los videojuegos que se encuentran en sus archivos. Al fin y al cabo, los videojuegos no dejan de ser una valiosa fuente de información para la historia social de los últimos 40 años.

◇◇◇◇◇◇◇◇◇◇◇◇◇◇◇◇◇◇◇◇◇◇◇◇◇◇◇◇◇◇◇◇◇◇◇

7 ingresar　受け入れる
8 de primera línea　一級の，優れた
9 consola　コンソール，家庭用ゲーム機
10 emulador　ゲーム機エミュレーター．古いゲーム (機) などを PC や最近のゲーム機で作動させる機器
11 base de datos　データベース
12 buscar+不定詞　(〜することを) めざす

EJERCICIOS

1 次の質問にスペイン語で答えなさい。

1) ¿Visitas bibliotecas a menudo?

2) ¿Qué puedes encontrar en ellas?

3) ¿Hay algo que solo puedas encontrar en la biblioteca?

2 次の文章は本文の要約である。下線部に枠内の語から適切なものを選んで入れなさい。

archivo	becario	catálogo	consolas
ejemplar	impresos	publicado	videojuegos

La Biblioteca Nacional de España cuenta en su _____ con más de 34 millones de materiales _____: libros, mapas, partituras, etc. El número aumenta cada año ya que la ley exige que se ingrese un _____ de cada material _____ en España.

Además, como pudo descubrir un _____ durante sus prácticas en la BNE, también existe un _____ con un gran número de _____. En la actualidad, la BNE está creando un espacio con _____ y emuladores para que los investigadores puedan consultarlos.

3 スペイン国立図書館の館長 Ana Santos さんは図書館にテレビゲームを収蔵する大切さについて述べている。その部分を選んで、日本語で説明しなさい。

写真提供クレジット一覧
黒田祐我，梅崎かほり，高垣敏博，Marta navarroP / Shutterstock.com（14 課），
Shutterstock

装丁
森田幸子

シン・フロンテラス—スペイン語圏はいま

| 検印省略 | © 2021年1月30日　　初版発行 |
| | 2023年9月15日　　第2刷発行 |

著　者　　　　　高垣　　敏博
　　　　　　　　梅崎　　かほり
　　　　　　　　黒田　　祐我
　　　　ビクトル カルデロン デ ラ バルカ
　　　　ベゴーニャ ゴンサレス アフエラ

発行者　　　　　　　原　　雅　久
発行所　　　　　　株式会社朝日出版社
　　　101-0065　東京都千代田区西神田3-3-5
　　　　　　　　　電話　03-3239-0271/72
　　　　　　　　　振替口座　00140-2-46008
　　　　　　　　http://www.asahipress.com/
　　　　クロス・コンサルティング／信毎書籍印刷